당신은 참 한결같은
사람입니다

당신은 참 한결같은
사람입니다

초판 1쇄 인쇄 2014년 10월 1일
초판 1쇄 발행 2014년 10월 5일

지은이 오진경
펴낸이 金泰奉
펴낸곳 도서출판 띠앗
등 록 제4-414호

편 집 박창서, 김수정
마케팅 김명준
홍 보 김태일

주 소 (우143-200) 서울시 광진구 구의동 243-22
전 화 (02)454-0492(代)
팩 스 (02)454-0493
이메일 ddiat@ddiat.co.kr
홈페이지 www.ddiat.co.kr

ISBN 978-89-5854-097-7 (03810)

당신은 참 한결같은 사람입니다

오진경 시집

도서출판 띠앗

| 시인의 말 |

'당신은 참 한결같은 사람입니다.'
이 말은 제가 너무나도 좋아하는 말이기도 하고,
또 제가 너무나도 듣고 싶은 말이기도 합니다.

오늘도 한결같은 모습과 마음으로
열심히 살아가고 있는 수많은 사람들과
또 제가 사랑하는 모든 사람들에게
이 책을 바치고 싶습니다.

그들의 마음속에 문득문득 한 번씩
제 글이 떠올라, 때로는 위로가 되고
또 때로는 격려가 될 수 있다면
더 바랄 게 있을까요….

오진경

| 목차 |

2

4

1

사소한 말 한마디
사소한 행동 하나하나에서
내가 변해 가고 있다는 것을,
또 이미 변해 버렸다는 것을 느낄 때
나는 참으로 두렵습니다.

전라를 꿈꾸며

옷을 벗고 싶다.
하나도 남김없이 벗고 싶다.
내 속의 나,
내 속의 속에 있는 나,
내 속의 속에 있는 또 그 속의 나…
완전한 전라의 내가 보일 때까지
훌훌 벗어 모두 던져 버리고 싶다.

비록,
모든 이가 끝내 눈 감아버릴
추악한 모습으로 남을지라도
위선과 가증 속에 찌든 이 속물을
이제는 완전하게 벗어 던져 버리고 싶다.

모든 건 내게 달렸다

나무가 흔들린다.
바람에 나무가 흔들린다.

내가 즐거울 때는
그 흔들림이 환영의 인사가 되고,
내가 슬플 때는
그 흔들림이 고통의 몸부림이 된다.

세상의 많은 것들은
어리석은 나를 가지고 놀 듯
내가 보려 하는 대로 보이게 하고,
내가 믿으려 하는 대로 믿게끔 한다.

모든 걸 좋은 마음으로 보자,
모든 걸 좋은 생각으로 믿자,

내 마음과 내 생각으로 움직일 수 있음을
그저 감사하고 또 감사하자.

모든 건 내게 달렸다.

나 어릴 때

나 어릴 때…
세상의 돈을 모두 모아 합하면
꼭 백만 원이 되는 줄 알았다.

나 어릴 때…
스무 살이 되어 어른이 되면
한 치의 실수도 실패도 없는
완벽한 사람이 되는 줄 알았다.

나 어릴 때…
그렇게 완벽한 어른이 되면
세상 아무 두려울 게 없을 줄 알았다.

그런데
나 어른이 된 지금…
세상 모든 돈은 백만 원이 아니며,
어른이 되어서도 완벽할 수 없으며,

어른이 되어 갈수록 또 다른 어른들 틈에서
갈수록 작아지는 내 자신과
갈수록 커져 가는 두려움을 느꼈다.

나는 세상의 너무 많은 것을 알아 버린 것이다.

당신은 참 한결같은 사람입니다

내가 가장 좋아하는 칭찬의 말은
'당신은 참 한결같은 사람입니다…'

잠시잠깐의 시간이 아닌,
기나긴 세월을 쭉 지켜보고서야
결론지어 해줄 수 있는 칭찬의 말
'당신은 참 한결같은 사람입니다…'

그러므로 아무나 또 쉽사리 들을 수 없는
'당신은 참 한결같은 사람입니다…'

그렇기에 내가 아는 최고의 칭찬은
'당신은 참 한결같은 사람입니다…'

그렇게 기나긴 세월이 흐르는 동안
변함없이 조용히 지켜봐 온
'당신 또한 참으로 한결같은 사람입니다….'

신호등

내 마음은 언제나 초록불…
영원히 깜빡거리지도,
영원히 빨간불로도 바뀌지 않을
내 마음은 영원한 초록불…

그대 천천히 오십시오.

ing

세월의 흐름에 따라
세상 모든 것은 변한다.

내가 변치 않기를 바랬던 것도,
내가 변치 않으리라 믿었던 것도,
흐르는 세월 속에 서서히 스러져 간다.

부정하고 싶지만 모든 것은 변해만 가고
결국엔 인정하고 받아들여야만 하는,
그렇게 각자의 길을 가야만 하는 우리는
그래서 모두가 외로울 수밖에 없다.

내가 네가 될 수 없고
네가 내가 될 수 없는 우리는
하나가 아닌,
하나가 되기 위한 둘.

그리고 그것은 영원한 ing….

스승과 제자

나는,
그대에게서 사랑을 배웠습니다.
그대에게서 배려를 배웠습니다.
그대에게서 믿음을 배웠습니다.
그대에게서 기다림을 배웠습니다.

또,
그동안 메말라 있던 휑한 내 마음을
아름답게 가꾸어 가는 법을 배우고 있습니다.

그리고,
지금의 나는 어느새 이렇게 커 있습니다.

그러므로,
그대는 나의 영원한 스승이요,
나는 그대의 영원한 제자입니다.

이기적인…

다른 이의 아픔은
절대 내 아픔보다 클 수가 없고…

다른 이의 슬픔은
내 슬픔이 아니라는 이유로
돌아서면 까맣게 잊어버리고…

다른 이의 큰 고통으로
내 마음을 다독다독 위로하는…

참으로 이기적인 것이
바로 '인간'이다.

나약한…

우리는…
아무리 몸부림쳐도
결국은 혼자라는 것을 알면서도,

우리는…
어둠 속에 몸서리치며
혼자이길 늘 두려워한다.

참으로 나약한 것이
바로 '인간'이다.

진짜 바보

잊고 싶은 건
아무리 잊어버리려고 몸부림쳐도
도저히 잊혀지지가 않고,

기억하고 싶은 건
아무리 잊어버리지 않으려고 발버둥 쳐도
기어이 잊혀지고야 만다.

바보 같아…
아니,
바보 같은 게 아니라
진짜로 바보인 거야.

나

나는 항상 새로운 나를 꿈꾼다.
지금의 내 모습이 아닌,
혹시 내 속에 살아 숨 쉬고 있을지도 모를
또 다른 나를 끄집어내기 위해 몸부림친다.

지금 이대로는 안 될 것 같은 강박관념 속에서,
다소 과장된 몸짓과 목소리로
오늘도 나를 떨쳐버리는 일에 집착하고 있다.

그러나 돌아보면 그대로의 나이고,
또다시 돌아봐도 어쩔 수 없는 나이기에
그냥 절로 웃음이 난다.

소외

한 걸음 물러서면 두 걸음 멀어지고,
두 걸음 물러서면 네 걸음 멀어지고,
오십 걸음 물러서면
백 걸음만큼이나 멀어져버리는…

그런가보다,
그렇게도 내게서 멀어져가고 싶은가 보다.
거울 속의 나마저도….

……

아주 가끔씩은 내 자신을
아무 곳에나 던져 버리고 싶을 때가 있다.
그렇게 팽개치듯 던져진 내가
그 어느 곳으로 흘러서 가든,
그 어느 곳으로 굴러서 가든,
저만치 떨어져 서 있는 또 다른 내가 되어
아무런 참견도 상관도 없이
그냥 그렇게 바라보고 싶을 때가 있다.

바보들의 사랑

넌 바보야,
이렇게 바보 같은 나를 사랑하니까…

나 또한 진짜 바보야,
이 바보를 사랑하는 그 바보가
나의 전부니까….

다짐

보이는 대로 보자,
들리는 대로 듣자,
우회적으로 생각하지 말고
이면의 것을 보려하지 말자.

절대 나를 얽어매지 말자,
내가 얽매인 것이 무엇일까 하는 생각으로
또다시 나를 칭칭 얽어매지 말자.

날자,
머릿속을 비우고
마음을 비우고
최대한의 가벼움만을 안고서
저 멀리 훨훨 날아가자.

그대의 빛

파란 창으로 파아란 빛,
노란 창으로 노오란 빛,
내 마음의 창으론 그대의 빛.

그대의 빛으로 물든 내 마음의 창,
내 마음의 창은 영원한 그대의 빛.

천국

하늘,
햇살,
꽃,
바람,
그리고 그대…

천국 같은 곳?
아니,
여기가 바로 천국!!!

사랑에 관하여…

사랑!
그것은
입술의 움직임으로
말하는 것이 아니라,

사랑이
사랑을 말하는
사랑이어야만
진정한 사랑입니다.

우리의 의미

너와 나는
이미 둘이 아니다.
그러나 하나도 아니다.

우리는
하나가 되어 가는 둘.

그리고 그것은
영원한 ing….

이기적인 사랑?!

대부분의 우리들이
원하고 꿈꾸는 사랑은
리모컨 사랑.

손가락 하나만 까딱하면
내 뜻대로 충실히 움직여 주는…

이것이야말로 가장 이기적인 사랑.
아니,
애초부터 '이기적'이란 말 뒤에는
결코 '사랑'이 함께할 수 없는 것!

길들이기

길들여진다는 건
쇠사슬로 만들어진 개목걸이 같은 것.

오늘도 똑같은 원을 그리며 빙빙 도는
안일한 나로 만들어 버리고,

때로는 벗어나려 몸부림쳐 댈수록
더욱더 세차게 내 목을 죄어 오고,

예고 없이 사슬이 풀려 버린 뒤에는
두려운 마음에 멀리 가지 못한 채
맴돌던 그 자리를 바라보게 만든다.

변명

너를 잊으려고 했는데,
정말 정말로 잊으려고 했는데,
진짜 깨끗이 잊으려고 했는데,
완전히 확실하게 잊으려고 했는데…

그런데 너무 바빴던 것 같아,
너를 생각하느라 너무너무 바빠서
너를 잊을 시간을 낼 수가 없었어.
도저히 그럴 수가 없었어.

핑계

우울할 때,
지독히 우울할 때,
나는 커피를 탄다.

평소 즐기지도 않는 블랙으로
진하게,
아주 진하게…

초점 잃은 눈빛으로
아무 생각 없이 한참을 휘휘 젓다
어느새 싸늘히 식어 버린 커피…

천천히 한 모금 들이킨다.
그러다 왈칵 눈물이 솟구친다.
아마 커피 맛이 너무 썼나 보다.

이기심

사소한 말 한마디
사소한 행동 하나하나에서
내가 변해 가고 있다는 것을,
또 이미 변해 버렸다는 것을 느낄 때
나는 참으로 두렵습니다.

내 주위의 모든 것들에 대해서는
언제나 한결같아야 한다고
영원히 변함없어야 한다고
그렇게 요구하고 강요하면서도

정작 이렇게 변해 가고 있는 나는
너무나도 이기적인 사람입니다.

2

결코 쉽진 않지만,
생각을 비우고
마음을 비우고…

아름다운 빛깔로 물들어 있는
내 마음을 찾아내야 한다.
살아있는 나를 꼭 찾아야만 한다.

사색

복잡한 이 세상 속엔
인간 이상의,
인간적인,
인간임을 겨우 유지하는,
인간 이하의,
인간이길 포기한
사람들, 사람들…

그중에 나는….

충고

사랑을 하지 마십시오.

용기와
절제와
끝없는 배려 없이는
절대 사랑을 하지 마십시오.

NG

어떡하지?
뭔가 잘못되었어,
이게 아니잖아.

그때 그걸 알았어야 했는데,
왜 이제야 알게 된 거지?

끊임없이 흐르는 시간은
아무도 기다려 주질 않아,
쏜살같이 흘러간 세월은
아무도 되돌릴 수가 없지.

어떡하지?
이게 아닌데…
어디서부터 다시 시작해야 하지?

NG!!!

거울

탐욕과 허세가 엎질러진 내 마음은
자꾸만 나를 변하게 한다.

나도 모르는 사이에
서서히, 아주 서서히…

생각없이 거울 앞에 설 때마다,
뭔가가 조금씩 달라져 있다.
그게 나도 뭔지 모르겠지만,
분명히 뭔가가 변하고 있다.

정말 이유를 모르는 나인지,
애써 이유를 모르는 체하는 나인지…

오늘도 거울 앞에 선다.
거울이 마침내 내게 말한다.

내 천박함의 끝을 보기 전에
산산이 부서져 버리고 싶다고….

다시 돌아갈 수 있다면…

내 지난날로 다시 돌아갈 수 있다면
나는 열일곱 살로 돌아가고 싶다.

그럴 수만 있다면
나는 더욱 공부를 열심히 할 것이며,
더욱 많은 친구를 사귈 것이며,
그 시절의 감성으로
더욱 많은 눈물을 흘릴 것이며,
그 시절의 열정으로
더욱 많이 웃을 것이다.

그때 그 순간만이 가질 수 있는
그 모든 것을 꼭 붙잡을 것이며,
그때 그 순간에만 누릴 수 있는
보다 더 많은 것들을 아낌없이 누릴 것이다.

그리고,
훨씬 더 깊고 넓은 따뜻한 가슴으로

오늘의 여기
이 자리에 서 있고 싶다.

기도

주여,
내 짧은 일생의 가장 끝부분에서
마지막으로 남은 단 하루를 살 듯
오늘 하루를 그렇게 살 수 있게 하소서.

무언의 외침으로 사랑을 가르치고
초라해질수록 더욱 빛나는 진실로
시리도록 눈부신 세상을 만들 수 있는
그런 아름다운 사람이 되게 하소서.

오, 주여!
더도 말고 덜도 말고
바로 오늘처럼만 살 수 있게 해 달라고
두 손 모아 간절히 기도할 수 있는
그런 오늘을 오늘도 살 수 있게 해 주소서.

먼 훗날
가장 빛났었던 날이 바로 오늘이었음을

조금도 믿어 의심치 않을 그런 오늘을,
날마다 새로이 찾아드는 오늘로
오늘에서 영원으로 이어지게 하소서.

세상 속 안일한 나와…

어제와 다른 오늘이어야 하는데…
오늘과 다른 내일이어야 하는데…

그런데 언제나
오늘,
또 오늘,
또다시 오늘…

그럼 난 오늘도
타협,
또 타협,
또다시 타협…

이 세상 속의 안일한 나와….

부끄러운 위로

예전,
예전에는
아니라고,
나는 다르다고,
당연하게 부정하고
당당하게 자신했던 것들을
이제는 현실이라는 이유를 들먹이며
하나 둘 쓰러뜨리고, 무너뜨리고,
때로는 타협이 현명하다 말을 합니다.

지금의 이런 내 모습이
너무나도 갑갑하고 싫어질 때,
또 나도 역시 어쩔 수 없구나 하고
하찮고 부끄럽게 느껴질 때,

흐르는 세월은 어쩔 수 없다고,
변하는 세상은 어쩔 수 없다고,
오늘도 위로 아닌 위로를 해댑니다.

그리움의 끝을 그리며…

세월은
모든 것을 서서히 흩어 가며
많은 것을 그리움으로 남깁니다.

어쩌면 미련일지도 모르지만,
그 그리움의 끝자락을 붙들고서
'오늘까지만,
딱 오늘까지만 그리워해야지…'

하지만
오늘의 내일은 언제나
또다시 오늘로 다가와
'오늘까지만'의 내 그리움은
오늘도
'오늘까지만'의 짙은 그리움입니다.

깨달음

화려하게 채워야
아름답다고 생각했는데…

많은 말들을 늘어놓아야
가까워질 수 있다고 생각했는데…

때로는 여백이
훨씬 더 아름답다는 걸,
때로는 침묵이
더 깊이 와 닿을 수 있다는 걸,

그것을 알게 해 주는 것이
바로 세월의 힘.

친구

아침에 눈을 뜰 때도,
무심코 길을 걸을 때도,
슬픔과 기쁨에 휩싸일 때도,
항상 내 기억 위로 드리워진 당신…

언제라도 나와 함께하는,
한순간도 나를 놓지 않는,
당신은 나의 '친구'입니다.
진정한 나의 '친구'입니다.

죄와 벌

붙잡아도 몸부림쳐도
겨울은 기어이 가고,
기다리지 않아도 재촉하지 않아도
그렇게 봄은 오고야 만다.

또다시 한 해를 흘려버리고 난 지금
뚫린 가슴을 쥐어뜯는 이 허탈감은
태만과 오만의 나날들에 대한 벌인가…

내 작은 힘으로는 도저히 거부할 수 없었던
그렇게 기어이 오고야 만 봄은
온 세상천지를 파랗게 물들이고,
그 파란 빛은 내 안에 부딪쳐
퍼런 멍의 상처를 벌로 남긴다.

세월은…

세월은…
흐르는 세월은
내게 많은 것을 알게 한다.

내가 알고 싶어 했던 것,
내가 알려고 생각지도 못했던 것,
내가 끝까지 알고 싶지 않은 것까지,

세월은 나를 훑어가며
서서히 많은 것들을 알게 한다.

나는 생각한다.
생각 위에 생각을 얹고,
그 생각 위에 또 생각을 얹고…

그러다가 때로는
웃음을 울고
울음을 웃기도 한다.

가시

살아가면서…
사람에게도 때로는
가시가 필요하다는 걸 알게 되었다.

하지만 내겐 지금 가시가 없다.
가시의 필요성을 몰랐기에
단 하나의 가시도 돋우질 못했다.

그렇기에 나는 두려워한다.
가시덤불 속으로 들어가기를…

그 속으로 들어가
여기저기 찔리우고
내 살이 찢기다 보면
어느새 단단한 내가 될 수 있는 걸까…

작은 가시도 가지지 못한 나는
커다란 가시덤불 앞에서
오늘도 두려움에 마냥 주저하고만 있다.

가끔 한 번씩

가끔 한 번씩…
내 생각과 내 마음이 나를 잠깐 떠날 때가 있다.

그럴 때면 나는
아무 생각도 할 수 없고,
아무것도 느낄 수 없는,
그저 고통 그 자체가 된다.

한참을 떠났다 뒤늦게 돌아와 준
내 어리석은 생각과
내 미련한 마음…

나를 떠나서
어디서부터 어긋난 건지
내 생각과 내 마음이
지금 서로 다른 곳을 향해 있다.

너의 심장

무엇이든 만들 수 있는 능력이
만약 나에게 있다면…

내가 만들고 싶은 건
바로 너의 심장!

너와 똑같은 심장을 수없이 만들어
세상 모든 사람들의 가슴마다
그 심장들을 하나씩 심어 주고 싶다.

세상에 존재하는 모든 사람들이
너와 똑같은 가슴을 가지고 있다면,

그 속에서의 너는
멍들어 아플 일도
할퀴어 상처받을 일도 없을 테니까….

늦지 않았다

세월을 거스를 수 없기에
무조건 앞만 보고 달리는 건 줄 알았는데,

흐르는 세월은 자꾸만 나에게
주춤주춤 뒤를 돌아보게 만든다.

그때 그러지 말 걸…
그때 그 길로 갈 걸…
그때 다른 걸 선택할 걸…

수많은 후회와
다시 시작하고 싶은 그 시간을
하염없이 붙들고 늘어지다
그저 아무 소용없음에 서글퍼진다.

늦지 않았다,
늦지 않았다.

돌아가 다시 시작하고픈
후회의 날을 지우기에
지금도 늦지 않았다.

두발자전거

먼 산을 바라보며 달려가라 하는데,
넘어질까 두려워 자꾸 땅을 내려다본다.

멀리 바라보자,
먼 곳을 바라보자,
땅을 내려다보며
주춤주춤 비틀대지 말고,
눈을 들어 저 멀리 바라보며
있는 힘껏 페달을 굴려 보자.

그렇게 하다 보면 어느새
내 두발자전거는
더 이상 비틀대지 않고
곧게곧게 뻗어 나가리….

잃어버린 꿈

내 꿈이 뭐냐 하면…
‘…………………………………….’
내 꿈이 뭐였냐 하면…
‘…………………………………….’

밤이 이렇게 길었던가…
한밤의 적막이 이렇게 고요했던가…
어슴푸레 밝아오는 새벽이
이렇게 마음을 짓누르는가…

수많은 생각으로 밤새 뒤척이다…
생각을 잠으로 덮어 보려 밤새 애쓰다…

나는 불면증 때문에
꿈을 잃어버리게 된 걸까…
잠이 들면 잃어버린 꿈들을
다시 되찾을 수 있는 걸까….

사랑합니다

따뜻한 미소와,
다정한 말투와,
깊은 진심과,
끝없는 배려…

이 모든 걸 가진 사람이
바로 당신입니다.

이런 당신과 똑같은 사람을 찾아
무작정 길을 떠난다면,
아마 나는 지금 이 길을
영원히 돌아올 수 없을 겁니다.

당신 같은 깊은 사람은
이 세상 어디에도 존재하지 않기에,
그 어느 곳에서도 찾을 수 없을 테니까…

깊고 넓은 사람…
포근하고 따뜻한 사람…

사랑합니다…
영원토록 사랑합니다….

살아있는 나를 찾아…

아름다운 색깔을 더하면 더할수록
정말 아름다운 색깔이 될 줄 알았는데,

많은 색깔을 더하면 더해 갈수록
점점 탁해지고 어두워지다
결국은 짙은 암흑이 된다.

지금…
내 마음이 이렇게 깜깜한 것도
너무 많은 생각들을 더해서일까…

생각을 얹고…
그 생각 위에 또 생각을 얹고…
그 생각의 생각 위에 또 다른 생각을 얹고…

이제…
내 마음속 어두움을 걷어내기 위해서
수많은 생각들을 떨쳐내야만 한다.

생각을 깨고…
그 생각 위의 생각을 깨고…
그 생각의 생각 위에 얹힌 또 다른 생각을 깨고…

결코 쉽진 않지만,
생각을 비우고
마음을 비우고…

아름다운 빛깔로 물들어 있는
내 마음을 찾아내야 한다.
살아있는 나를 꼭 찾아야만 한다.

길

세상에는
수많은 길들이 있다.

사람들은 제각각
자신의 길을 따라
갈라지고 흩어져 간다.

우리가 원하건,
우리가 원하지 않건,
각자의 길을 따라 떠나야만 한다.

그래서 외롭기도 하지만,
그러다 길을 잃기도 하지만…

그럴 땐 잠시 나를 내려놓자.
길을 잃어 당황하지 않아도,
길을 찾아 헤매 돌지 않아도,

길은,
언제나 그 자리에 놓여 있으니까….

두 가지의 마음

이 세상에는
두 가지의 마음이 있다.

내 마음과 똑같은 마음,
내 마음과 너무 다른 마음…

이러한 세상 속에
내 마음만으로 살 수 없는 우리는,
내 마음 옆에
그 다른 마음을 놓아야 한다.

그리고 우리는,
이 두 가지의 마음 사이를
끝없이 오가야만 한다.

살아남기 위해서는….

세월을 타고

점점 빨라지는 세월을 타고
어디쯤 와 있나 뒤돌아보면,
뚜렷하지 않은 지난날들이
서글픔에 뒤척이는 나를 흔들어 댄다.

더 깊어지고,
더 넓어지고,
모든 게 더 소중해지고,
모든 걸 늘 감사하게 되고…

이렇게 세월에 묻어가다 보면
세월의 끝자락에 서게 될 무렵,
세상 속 흐린 기억들의 귀퉁이에
조금은 아름다운 모습으로 흩뿌려질 수 있을까…

부수어져 흩어지는 기억들 저편으로
끝내 밀려나고 내려놓일 테지만….

3

슬픔이라는 건
곧 내게 찾아와 줄 행복을
더욱 벅차게 맞이하게 하기 위한
신이 주신 너무도 귀한 선물입니다.

재미있는 인생

때론…
내 감정인데도
나도 잘 모르겠을 때가 있다.

별로 슬프지 않은 건지,
아니면 슬픔을 누르고 있는 건지…
내 맘에 미움이 없는 건지,
아니면 미움을 누르고 있는 건지…
진심으로 우러나는 미소인지,
사람들 시선 앞에 계산된 미소인지…

한 번씩 헷갈리고,
때론 연기도 필요하고,
늘 정답을 찾아 헤매지만
어느 곳에서도 정답을 찾을 수 없는…

그래서 참 재미있는 인생….

바로 그 순간

늦었다고 주저하지 말기!

지금 이 순간은
십년 후의 십 년 전!!

단 한 번만 간절히 돌아가고픈
그 무엇이든 할 수 있었던
십 년 전의 바로 그 순간!!!

세월은…

짙은 향기보다는 은은한 향기가,
폭포수보다는 잔잔한 호수가,
화통함보다는 그윽함이,
또렷함보다는 아련함이,
살가움보다는 무던함이,
질러가는 것보다 때로는 돌아가는 게 좋아진다.
천천히…
눈을 감고 천천히…

세월은…
소리 없이 나를 휘감아 가며
끊임없이 나를 변화시킨다.

절대 변할 것 같지 않던 나를….

착각

놓기 싫었던 것들,
놓으면 안 되는 것들,
놓을 수 없었던 것들…

그래서 힘겹게 붙들어 가며,
끝까지 힘겹게 이어 가며,

모든 게 아쉬움이고
아련한 그리움이라 생각했는데…

그것이 지나친 허영이고
무서운 집착일 수 있음을 왜 몰랐을까….

어른이 되기 위해…

나이가 들면
아는 게 많아질 줄 알았는데,
나이가 들면서
알고 싶은 게 많아진다.

나이가 들면
모든 게 이해될 줄 알았는데,
나이가 들면서
이해하려 애써야 할 것들이 많아진다.

나이가 들면
무조건 어른이 되는 건 줄 알았는데,
나이가 들면서
어른으로 보이기 위해 항상 긴장해야 한다.

나이가 들면
모든 게 편해질 줄 알았는데,
나이가 들면 들수록

더 많이 공부해야 하고,
더 많이 이해해야 하고,
진정한 어른이 되기 위해 애써야 한다.

끝없이, 끝없이….

바람 속에서…

그대를 기다리는 길목에
잔잔한 바람이 불어와
부드럽게 내 볼을 어루만집니다.

이 수줍은 바람이
내 볼을 살포시 스쳐
그대에게 가 안기기도 하고,

이 수줍은 바람이
그대 어깨를 부드럽게 스쳐
내 품에 와 안기기도 합니다.

그래서 바람 속의 우리는
늘 이렇게 만나고
늘 변함없이 함께 있습니다.

바람 속에 영원히….

아파트

아파트…
똑같은 높이와
똑같은 모양과
똑같이 질러진
너무나 고요한 칸칸들…

하지만,
그 하나하나의 칸칸마다
서로 다른 사랑과 미움과 고통이
처절함과 간절함으로
끊임없이 들썩이고 있다.

다만,
우리가 속속들이 읽을 수 없기에
언제나 고요한 칸칸들….

눈물

아무것도 보이지 않고,
아무것도 들리지 않고,
아무것도 말할 수 없고,
그 아무것도 할 수 없는
정말로 한심한 내가 밉고 싫어져
그저 하염없이 눈물만 흐르네요.

물, 주스, 커피 같은 것들,
아무것도 마시지 말아야겠습니다.
더 이상 눈물이 만들어지지 않게요.

세월이…

받아들일 수 없는…
받아들이고 싶지 않은…
받아들이면 안 될 것 같은…

받아들여야 하는…
받아들일 수밖에 없는…
받아들이지 않을 수 없는…

소리 없이 모든 걸 뒤집어 놓는다.
세월이…
세월이란 것이….

무제

즐거우면 시간은 빨리 흐르고,
지루하면 시간은 더디 흐른다.

갈수록 세월이 빨리 흐르는 것은
살수록 마음이 즐거워진다는 걸까…

이유 없이 한 번씩 핑 도는 눈물은
더해져 가는 행복에 겨워서일까….

기다림

기다림의 끝에
꼭 만남이 와 주는 건 아니지만,
만남의 끝엔
꼭 기다림을 끌어안게 된다.

기다리며 그리게 되니
그리움이 되고,
그리움에 기대게 되니
기다림이 된다.

기다림…
바보처럼 무모할지라도,
꼭 만나지지 않을지라도,
설레임이라는 그 선물만으로
충분히 감사드릴 이유가 된다.

투명인간

길을 나섰다.
벗어나고 싶은 마음에
컴컴한 길을 나섰다.

길을 나섰다.
벗어나고 싶은 게 뭔지도 모르면서
무작정 길을 나섰다.

길 위로 쏟아진 사람들은 모두
어딘가를 향해 바쁜 걸음을 재촉하는데,

길 위에 멈춰진 초라한 내 모습은
존재를 알릴 길 없는 투명인간이 된다.

그 누구와 눈을 마주칠 수도,
그 누구와 손을 맞잡을 수도,
그 누구에게 기대고 의지할 수도,
그 누구에게 길을 물을 수도 없다.

투명인간이기에…
그 누구에게도 가 닿을 수 없는
오늘도 난 투명인간이기에….

인생은…

떠나가는 사람…
남겨지는 사람…

그 속에서 우리는
가슴이 저리다,
가슴이 먹먹하다,
가슴이 무너진다,
가슴이 찢어진다…

그리 알고 싶지 않은 감정들을
서서히 서서히 알아가게 된다.

그렇게 내 마음의 짐 위에
또 다른 짐을 얹고 또 얹고,
정말 그러고 싶진 않지만
내가 또 다른 이의 짐이 되기도 하고…

인생은 그렇게 흘러가는 것…

내 마음대로 해보려 휘저어 봐도,
정작 내 마음대로 해볼 것 없이
인생은 그렇게 흘러가 버리는 것…

인생은…
그 아무도 기다려 주지 않는 인생은….

세월 속 변해 가는 우리

세월이 흐른다.
갈수록 빨리 흐른다.

빠른 세월이 마구 흔들린다.
우리는 넘어지지 않으려 이를 악문다.

이를 악문 채 내가 서서히 변하고,
영원히 변치 않을 것 같던 내 사람도
어쩔 수 없이 기울어져 변해만 간다.

서글프지만…
인정하기 싫지만…

그러나 우리는 감사해야만 한다.
변해 가는 모습을 지켜본다는 건
서로가 늘 함께 있음이니까….

‘오늘’의 저편… ‘내일’

‘오늘’을 건너면
‘내일’이 올 줄 알았는데
또다시 ‘오늘’…

이 ‘오늘’을 건너면
정말 ‘내일’이 올 줄 알았는데
또 그대로의 ‘오늘’…

이렇게 ‘오늘’만을 맞을 수밖에 없는 우리…
하지만 수많은 꿈들을 ‘내일’로 미루고 있는 우리…

또다시 찾아온 ‘오늘’…
우리는 늘 ‘오늘’을 맞을 수밖에 없고,
‘내일’은 늘 ‘오늘’의 저편에 있기에,
이젠 ‘내일’이 아닌, 이 ‘오늘’ 해야만 한다.

‘내일’로 미루어지는 우리의 바램들은
‘오늘’의 저편 ‘내일’ 속에서
그저 바램으로 바래져 갈 수밖에 없기에….

얼마나

얼마나 싫다고 외쳐 대야
진정 네가 싫어질까,

얼마나 밉다고 외쳐 대야
진정 네가 미워질까,

얼마나 잊었다고 외쳐 대야
진정 네가 잊혀질까,

얼마나,
얼마나…

이 부질없는 '얼마나'를
도대체 얼마나 더 외쳐야 하는 걸까….

제자리

누군가 그랬죠,
이 세상 모든 것들은
제자리에 있을 때 가장 아름답다고…

나의 제자리는 어디였을까,
기억이 나지 않는 내 제자리…

보이지 않아 돌아갈 수 없는 그 자리…
너무 먼 길을 왔나 봅니다….

그것이 바로 당신입니다

초라하게 웅크린 나를
일으켜 세우고
걷게 만들고
뛰게 만들고
훨훨 날 수 있게 만드는
단 한 사람…

그것이 바로 당신입니다.

나는 이미…

아카시아 잎을 돌로 콩콩 찧어
밥도 짓고 국도 끓여 대던 그때,
조그만 돌부리에 걸려 엎어진 채
울까말까를 잠시 망설이던 그때,
울먹울먹해도 아무도 달려와 주지 않아
그냥 혼자서 툭툭 털고 일어서던 그때…

어쩌면 저 편 아련한 기억의 끝에서부터
나는 이미 당신을 그리워해 왔는지도 모릅니다.

외로움

길을 걷습니다.
아무런 약속이 없는,
그래서 뚜렷한 목적도 없는 길을
하루 종일 이리저리 헤매 돕니다.

주머니 속 휴대폰을 닳도록 만지작거리며
한 번만이라도 제발 울려주기를,
한 사람만이라도 나를 찾아주기를,
초라하게 기다리는 내 어깨를 스쳐
수많은 사람들이 바쁘게 오고 갑니다.

어쩌면 지금 나를 스치는 저 사람들도
주머니 속 휴대폰을 만지고 있을지도 모릅니다.
서로의 외로움을 적당히 포장한 채
그냥 그렇게 스쳐 지나가는지도 모릅니다.

약속 아닌 약속

잊겠습니다.
다시는 생각하지도,
다시는 미련 갖지도,
다시는 눈물 흘리지도 않겠습니다.

다시는,
이제 다시는,
욕심을 부리지 않겠다고,
조용히 내려놓겠다고,
정말로 약속드립니다.

하지만,
이 약속을 틀림없이 지키겠다는
그 약속만은 왠지 자신 없네요.

이별과 만남

이별은 또 다른 만남의 시작이 아닙니다.
이별은 그저 이별일 뿐,
만남은 그저 만남일 따름입니다.

만남으로 인해
늘 이별이 오지 않듯,
이별로 인해
늘 또 다른 만남이 오진 않기 때문입니다.

노을

노을 진다.
노을이 지기 시작한다.

무뎌진 사람들의 시선 저 편에서
노을은 단 한 번도 피어 보지 못하고
이미 시작부터 노을은 져 가고 있다.

하지만 노을은 한 송이의 아름다운 꽃처럼
피어보고야 말겠다는 욕심을 부리지 않는다.

노을은 그저 노을이기에
언제나 시작부터 그렇게 져 가고 있다.

어느새 노을은 조용히 밤을 부르며
그 짙은 어둠 속으로 사그라진다.

내일 또다시 노을 질
그 시작을 준비하기 위해….

슬픔이라는 건

슬픔이라는 건
곧 내게 찾아와 줄 행복을
더욱 벅차게 맞이하게 하기 위한
신이 주신 너무도 귀한 선물입니다.

그렇기에 이 슬픔을 찬란하게 누리며
작은 행복의 소중함을 생각하고,
늘 곁에 있어 사소해 보이는 것도
결코 소중하지 않은 것이 없음을
항상 잊지 않겠습니다.
절대 놓치지 않겠습니다.

4

오늘도 변함없는 일상을 누린 나는,
오늘도 흔들리지 않을 수 있었던 나는,
나는 참 행복한 사람입니다.
세상에서 가장 행복한 사람입니다.

괴로움

지금 눈을 뜨고 있는 나는
무엇을 보려 하는지 모릅니다.

지금 눈을 감아 버린 나는
무엇을 보지 않으려 하는지 모릅니다.

또 눈을 뜰 때도, 눈을 감을 때도
왜 이토록 괴로운지 나는 알지 못합니다.

다만 내가 어렴풋이 알 수 있는 건
나를 짓누르는 이 모든 괴로움이,

더 많은 것을 바라보면서
더 높은 곳을 바라보면서
서서히 시작되었다는 것입니다.

너를…

아무것도 보지 않으려면
눈을 감아 버리고,

아무것도 듣지 않으려면
귀를 막아 버리고,

아무 말도 하지 않으려면
입을 닫아 버리고,

아무 생각도 하지 않으려면
너를,
너를 지워야 하는데…

너를,
너를 잊어버리면
내 머릿속은 텅 빌 텐데….

비가 내린다

비가 내린다.
나는 그 비를 막으려 우산을 쓴다.

비가 내 우산을 두드린다.
후드득후드득 끊임없이 두드린다.

나에게 무슨 얘기가 하고픈 것인지,
듣지 않으려 하는 나를 두드리고 또 두드려 댄다.

어쩌면 세상도 나를 두드려 대고 있는지도 모른다.
듣지 않으려 막아버린 꽉 막힌 나를,
끊임없이 두드리고 또 두드려 대고 있는지도 모른다.

우산을 걷어야 한다.
비에 젖는 걸 두려워해서는 안 된다.
세상의 소리를 들어야 한다.

나를 열고
세상을 담고
항상 그렇게 깨어 있어야만 한다.

평범한 게 아름답다

평범한 게 아름답다.
소박한 게 아름답다.

나는 친구를 좋아하고,
친구와 수다떨기도 좋아하고,
맛있는 걸 먹으면 기분이 좋아지고,
따뜻한 커피 한 잔에 행복해하고,
초콜릿의 달콤함에 미소가 번지고,
좋은 것이 있으면 다 같이 나누고 싶고,
혼자만의 공상으로 실실 웃기도 하고,

사랑하는 이와 맞잡은 손의 온기에
온 세상을 모두 다 가진 듯하고,
때로는 미처 삭이지 못한 속상함을
아이스크림 하나로 사르르 녹여 버리는…

잠자는 걸 좋아하는 나는…
공짜를 좋아하는 나는…

나는 참 평범하다.
나는 참 소박하다.

어느 날 문득…

어느 날 문득…
가슴이 막힌 듯 조여들 때가 있다.

또 어느 날은 문득…
가슴이 뚫린 듯 휑해질 때가 있다.

그런 날은 무작정
미친 듯이 누군가의 손을 잡고 싶다.

그리고 그 누군가가
맞잡은 나의 손을 하염없이 어루만지며,
밤새도록 내 얘기에 귀를 기울여주면 좋겠다.

내 머릿속의 사람들을 떠올려 본다.
내 머릿속에서 사람들을 끄집어낸다.
한 사람, 한 사람, 또 한 사람…

하지만…

끄집어내고 또 끄집어내고
끈질기게 끄집어 내 보아도,

사람은 많은데,
사람은 너무나 많은데,
사람이 없다…
사람이 하나도 없다….

방황

외로움이 밀려올 때,
누군가와 얘길 나누고 싶을 때,
무작정 홀로 길을 나서
사람들로 북적대는 거리를
헤매듯 서성이며 걷는다.

하루 종일 지치도록 걸어도
사람들 숲을 헤매 돌고 또 돌아도
아는 사람이 하나도 없다.

사람들이 그렇게 어지럽게 넘쳐나도
그중에 아는 얼굴 하나 없는 게
참 신기하기까지 하다.

세상이 참 좁다라는 사람들의 말은
아마 거짓말이었나 보다.

무통주사

담배…
고단함을 날려주는 약이 아닙니다.
술…
고통을 잊게 해주는 약이 아닙니다.

만약 마음에 맞는 무통주사가 있다면
그대에게 수만 대라도 놓아 주고 싶습니다.

그대 마음속 아픔을 모두 녹여 버리고
흔들림 없는 고요와 평안함 속에서
그저 좋은 것만 바라보고
그저 행복만을 느끼면서
영원히 그렇게 살았으면 좋겠습니다.

제발 그대만은….

울지 마라

울지 마라,
울지 마라,
제발 울지 마라…

내 속의 내가 울고 있다.
그칠 줄 모르고 자꾸 울고 있다.
끝없이 울부짖으며 거칠게 나를 두드려 댄다.

그런 나를 달래도 보고,
거칠어진 나를 누르기도 하고,
또 때로는 애써 외면하기도 하며,
나는 또다시 나를 포장하는 일에 몰두하고 있다.

그럴 듯하게 포장된 내 모습을
적당히 세상 속에 섞어 넣고
가식적인 말투와 적당한 웃음으로
오늘 또 하루를 힘겹게 버티어 낸다.

울지 마라,
이제는 나를 두드리지 마라…
다시는 나를 건드리지 마라….

사슬

한 번씩 이유 없이 숨이 막혀 올 때가 있다.
그럴 때 내 몸을 돌려 보려 해도 꼼짝할 수가 없다.

왜일까…
무엇 때문일까…

생각해 보면 우린 참 많은 사슬에 얽매여 있다.
그 사슬 하나하나 내가 얽어매어 온 것들이지만,
나를 너무 조여와 잠시나마 풀어 보려 해도
어디서부터 풀어야 할지 매듭 하나 보이질 않는다.

점점 더 세차게 나를 조여 오는 사슬…
그 사슬을 힘겹게 풀어 보려다,
풀어 보려 애를 쓰고 애를 쓰다,
결국은 기진맥진 누워 버린 나…

나를 일으키려 해도,

일으켜 세워 보려 해도…

나를 얽어 버린 사슬들이 무거워
끝내 일으키지 못하고 다시 누워 버린다.

사슬들…
이제는 사슬들을 풀어내고 싶다.
사슬들을 풀어 헤치고 가뿐히 일어서고 싶다.

살면서…

시간은 쉼 없이 가는데,
세월은 끝없이 흐르는데…

우리에겐 붙들고 놓지 못하는 순간들이 있다.
그때 그러지 말았더라면…
그때 이렇게 했더라면…
그때 그리로 가지 말았더라면……

돌아갈 수 없다는 걸 알면서도,
부질없는 일이란 걸 알면서도,
끝까지 붙들고 놓지 못하는 우리…

살면서…
세월 속에 흐르면서…
어리석은 나를 알게 되고,
세월이 약이라지만
약이 될 수 없는 세월도 있음을 알게 된다.

웃자

웃자,
웃자,
웃고 또 웃자.

웃고 또 웃다 보면
불안한 나를 잠시잠시 잊어갈 수 있는 것을,
웃고 또 웃고 떠들며
다른 이들도 다들 그렇게 하고 있는 것을…

웃자,
나 자신을 위해 열심히 웃자,
세상 속 웃음거리가 아닌
세상의 진정한 웃음이 되자.

나는 참 행복한 사람입니다

사랑하는 사람과
함께 눈을 뜨고,
함께 밥을 먹고,
함께 차를 마시고,
함께 마주보며 웃음 짓고…

잠시라도 떨어지면
서로가 서로를 그리워하고,
별 탈이 없는지 서로를 염려하고,
혹시나 힘들까 서로를 걱정하고,
빨리 보고 싶은데 시간은 더디 가고…

다시 만날 때면
설레임과 반가움에 달려가고,
넓은 포옹으로 약속한 듯 입 맞추고,
하루의 일과를 끝도 없이 쫑알쫑알,
그렇게 함께 잠이 들며 하루를 마감하는…

오늘도 변함없는 일상을 누린 나는,
오늘도 흔들리지 않을 수 있었던 나는,
나는 참 행복한 사람입니다.
세상에서 가장 행복한 사람입니다.

왜…

왜 내 얘기에 귀를 기울여 주지 않는 걸까…
왜 내 눈물을 늘 외면하려고만 할까…
왜 내 울분을 자꾸 누르려고만 할까…

내 아쉬움은 살며시 서운함이 되고,
그 서운함은 어느새 서러움이 되고,
그 서러움은 마침내 노여움이 되어 버린 것을…

그렇게 되도록 왜 나를 돌아보지 않는 걸까…
다른 이들의 목소리엔 늘 귀를 기울이면서,
왜 나는 이렇게 되도록 몰랐던 걸까…
왜 나는 나에게 이토록 무심한 걸까…

왜 나는….

바램

사랑,
설레임,
기쁨,
웃음,
평화,
행복…

이 모든 것들이
지나간 과거형이 아닌,
늘 현재 진행형이었으면 좋겠다….

나는 도대체

오늘도 여느 날처럼
바쁘게 허덕였던 하루…

밥 먹을 시간도 없이
정신없이 돌아쳤는데,

하늘 한 번 올려다볼 새 없이
무작정 앞만 보고 달렸는데,

지친 몸을 뉘이며 가만 생각해 보면
나는 도대체 무엇을 위해
나는 도대체 어디를 향해
그렇게 숨 가빠 했었던 걸까…

이유 없는 열정은 금방 허무해지는 것을…
목표 없는 질주는 금방 지치고 마는 것을…

정작 중요한 건
다른 이들이 지켜보는 내가 아니라,
내가 바라보는 바로 나 자신인 것을…

나를 알고,
목표를 알고,
너무 힘들지 않도록
지쳐 쓰러지지 않도록
늘 나를 다독이고 배려하며
끝없이 나 자신을 사랑해야만 한다.

지금 이 순간,
나에게 가장 중요한 건,
세상 단 하나뿐인 바로 나….

우리는…

우리는…

떠나면서
돌아올 때를 걱정하고,

내려놓으면서
들어 올릴 걸 걱정하고,

사랑을 하면서
이별이 올까 걱정하고,

행복 속에서
혹시 불행이 오지 않을까 걱정한다.

그럴 필요가 없는데…
그러면 안 되는 건데….

어떻게 해야…

하루가 가고,
한 달이 가고,
일 년이 가고…

매시간을 정신없이 돌아쳤는데,
새해마다 나를 굳게 다잡았는데…

저 멀리 아득해진 시간들 뒤에
내가 서 있는 자리는 아직 그 자리…

궁색한 변명은 나를 초라하게 만들 뿐…
지나친 자책은 나를 주저앉게 만들 뿐…

어떻게 해야 저 멀리 갈 수 있을까…
어떻게 해야 저 높이 오를 수 있을까…

어떻게 해야…
도대체 어떻게 해야….

숨바꼭질

꼭꼭 숨어라,
머리카락 보일라,
꼭꼭 숨어라…

아무리 지우고
아무리 허물고
아무리 녹이고
아무리 깨부수어도 없어지지 않는
슬픈 기억,
아픈 기억,
나쁜 기억,
고통의 기억들…

꼭꼭 숨어라,
머리카락 보일라,
꼭꼭 숨어라…

내 기억 저 편에서
영원히 꼭꼭 숨어라,
완벽히 꼭꼭 숨어서
다시는 나타나지 마라,

내 앞에 다시는….

떠나는 사람, 남겨지는 사람

떠나는 사람,
남겨지는 사람,
가슴이 저리는 건
서로가 마찬가지…

한참을 걸어가다 살며시 뒤돌아보면
아직도 그 자리에 그대로 서 있고,
이제는 없겠지 하고 또다시 뒤돌아보면
아득해진 그 자리에 굳어 버린 듯한 모습…

그렇게 힘겹게 돌아온 일상이기에
하루하루 헛되이 보내지 않아야 한다.
숨 가쁘게 휘몰아치는 순간 속에서도
그 순간의 다짐과 마음의 끈을 놓지 않아야 한다.

항상 내 뒷모습이 아름다울 수 있도록…
절대 내 존재가 마음의 짐이 되지 않도록…

잊지 않아야 한다.
내가 할 수 있는 최고의 배려는
매순간을 열심히 살아가는 것!

별

밤하늘을 올려다본다.
깜깜한 밤하늘을 올려다본다.

밤하늘이 깜깜하면 깜깜할수록
그 속의 별들은 더욱 밝게 빛난다.

내 마음에 어둠이 드리울 때,
그 어둠이 짙어지면 짙어질수록
내 속에서 보석처럼 반짝이는 사람들…
내가 못 볼 때에도 늘 그렇게 반짝이고 있었던
사람들…
그 존재만으로도 내겐 너무나 고마운 사람들…

나도 그런 존재이고 싶다.
다른 이들이 못 볼 때에도 늘 그 자리에서 반짝이는,
다른 이들의 마음에 어둠이 짙어질수록
그 자리에서 더 밝게 빛을 내어

존재 자체만으로도 힘이 되어줄 수 있는
영원히 지지 않는 사람들의 별이 되고 싶다.

내일

신나게 뛰어놀던 아이들이
때가 되면 하나둘 집으로 돌아가 듯,
우리도 이 세상에서 때가 되면
하나둘 모두가 그곳으로 돌아가야 한다.

그 사실을 알고 있으면서도
그때가 언제일지 모른다는 이유로
어떤 이는 내일이 없이 방탕하게 살기도 하고,

그 사실을 분명 알고 있기에
그때가 바로 내일일지도 모른다는 생각에
어떤 이는 내일이 없이 오늘을 더욱 열심히 산다.

우리는 아무것도 없이 태어나서
이미 많은 것을 가졌고,
애써 손에 넣은 모든 것들은
때가 되면 말없이 내려놓아야만 한다.

그때가 언제일지 알 수 없는 우리는
오늘도 마지막으로 주어진 하루를 살 듯,
피할 수 없는 그 날이 바로 내일 오는 듯,
늘 그렇게 후회 없는 하루를 또다시 살아가야만 한다.

행복의 요리

갖가지 재료가 어우러져
깊고 풍부한 맛을 내 듯,
서로 다른 우리가 한데 어우러지면
넘치는 행복의 맛을 낼 수 있다.

각자 다른 모습과
각자 다른 생각의 우리들이지만,
그 차이들이 하나로 어우러지면
'행복'이라는 이름의 요리가 된다.

네가 내가 되고…
내가 네가 되고…
우리 모두가 한데 어우러져
'최고의 행복'이라는 이름의 요리가 된다.